AF246501

DES DÉLAIS

LÉGISLATION ET JURISPRUDENCE

PAR

O. RAVIART, avoué a Beauvais

SECRÉTAIRE DE LA CONFÉRENCE DES AVOUÉS DE PREMIÈRE INSTANCE
DES DÉPARTEMENTS

AUTEUR DU TARIF EN MATIÈRE CIVILE ET DU TARIF DES ACTES
D'HUISSIERS

Première Partie

DÉLAIS PAR JOURS, PAR MOIS, PAR ANNÉES
DIES A QUO, AD QUEM

Deuxième Partie

DÉLAIS DE CERTAINS ACTES DE PROCÉDURE : DÉLAIS FRANCS
DISTANCES. — JOURS FÉRIÉS

Prix : UN FRANC

PARIS

Librairie Universelle de A. CHÉRIÉ, Éditeur, 40, rue Hallé

1890

INTRODUCTION

AU

DICTIONNAIRE DES DÉLAIS

INTRODUCTION

PREMIÈRE PARTIE

Des Délais en général

---

1. — On appelle délai un laps de temps pendant lequel il est prescrit, permis ou défendu de faire certains actes.

2. — Les délais se comptent par heures, par jours, par mois et par années.

I. — DÉLAIS PAR HEURES.

3. — Les délais ne se calculent par heures que lorsque la loi, le juge ou les parties l'ont expressément indiqué. — Argument de l'art. 2260 du code civil.

4. — Une heure est censée écoulée au premier coup de l'horloge qui annonce la suivante ; il n'est pas nécessaire que tous les coups soient frappés. — Merlin, répertoire v° Prescription, section 2, § 1er.

5. — Les délais qui se composent d'un nombre d'heures inférieur à vingt-quatre se calculent toujours *de momento ad momentum.*

6. — Lorsqu'il s'agit d'un délai de 24 heures, il faut distinguer s'il y a, ou non, obligation d'indiquer dans l'acte l'heure qui en doit être le point de départ. Dans le cas où cette obligation existe, le délai ne comprend que 24 heures calculées *de horâ ad horam*

7. — Ainsi, il a été jugé que les procès-verbaux des gardes, en matière de chasse, devant contenir l'heure exacte du délit, l'acte d'affirmation (à moins qu'il n'ait lieu le jour même) doit indiquer l'heure précise à laquelle il est dressé, pour permettre de vérifier si l'affirmation a été faite dans les 24 heures calculées comme il vient d'être dit. — Cass., 28 Août 1868 ; Sirey, 69, 1, 189 ; Palais, 69, 442 ; Dalloz, 68, 1, 510. - Cass., 28 Janvier 1875 ; Sirey 75, 1, 430 Palais, 75, 1086 ; Dalloz, 75, 1, 331. - Cass., 27 Février 1879 ; Sirey, 79, 1, 440 ; Palais, 79, 1120. - Orléans, 3 Mars 1885 ; *Gazette du Palais*, 85, 1, 684.

8. — Lorsqu'il n'y a pas obligation d'indiquer l'heure du point de départ, le délai de 24 heures comprend, outre le jour de l'acte, celui qui le suit.

9. — Les jours fériés ne sont pas compris dans la supputation des délais qui se comptent par heures. Un arrêt de la chambre des requêtes de la cour de cassation du 17 novembre 1858, (Palais, 1859, 600) l'a décidé dans les termes qui suivent :

« Attendu que s'il est de principe incontestable, en

« droit, que les jours fériés sont compris dans la sup-
« putation des délais qui se comptent par années, par
« mois et par jours, il en est autrement à l'égard des
« délais supputés par heures ; qu'il est conforme aux
« règles générales du droit, en matière de prescrip-
« tion ou de déchéance, que les vingt-quatre heures
« accordées pour faire un acte doivent s'entendre de
« vingt-quatre heures utiles ; que ce délai cesserait
« d'être complet, alors que le jour férié se trouve
« compris dans les vingt-quatre heures que la loi
« accorde pour faire un acte ; — Attendu que si les
« art. 63 et 1037 du code de procédure permettent
« exceptionnellement de donner un exploit un jour
« de fête légale en vertu de la permission du Pré-
« sident du tribunal, cette exception, consacrée seu-
« lement pour le cas où il y a péril en la demeure,
« ne saurait avoir pour effet d'exiger un acte dont la
« validité dépendrait d'une autorisation que le magis-
« trat est libre de refuser ; — que pour avoir déci-
« dé que la protestation faite le 12 Janvier pour une
« avarie arrivée le 10 était faite dans le délai légal, le
« 11 étant un jour férié, l'arrêt attaqué n'a ni violé
« ni faussement appliqué la loi. »

10. — La cour d'Amiens, par arrêt du 21 Janvier
1865 (Palais 1865, 469) a décidé également que le délai
de 24 heures accordé pour former opposition aux qualités d'un jugement ou d'un arrêt, ne court pas les
dimanches et jours de fête légale ; qu'en conséquence
l'opposition à des qualités signifiées le samedi est
valablement formée le lundi.

11. — De même, lorsqu'une vente a eu lieu devant
notaire la veille d'un jour férié avec faculté d'élire un
command, la déclaration de command peut être faite

le surlendemain du jour de l'adjudication. — Cassation, 7 novembre 1843; Pal., 43, 2, 813. — Voir *infra* n° 35.

II. — DÉLAIS PAR JOURS.

12. — Le jour est civil ou naturel. Le jour civil comprend l'espace de 24 heures qui s'écoule depuis minuit jusqu'au minuit suivant. Le jour naturel est l'espace de temps compris entre le lever et le coucher du soleil.

13. — Dans le langage juridique, le mot *jour* s'entend ordinairement du jour civil. Mais lorsqu'il s'agit, pour faire un acte, d'employer le ministère, soit d'un fonctionnaire public, soit d'un officier ministériel, le laps de 24 heures est restreint par les lois et règlements, dans des vues d'ordre public et d'intérêt général. Ainsi, les huissiers ne peuvent instrumenter les jours non fériés que pendant un nombre d'heures déterminé par l'article 1037 du code de procédure ; les conservateurs des hypothèques et les greffiers ne sont tenus également de laisser leurs bureaux ouverts les mêmes jours que durant un certain nombre d'heures.

14. — Les délais fixés par jours se comptent de jour à jour, autrement dit par intervalle de 24 heures calculé de minuit à minuit. Ils ne se comptent pas par heures, c'est-à-dire à partir de l'heure de l'acte jusqu'à une autre heure correspondante du jour ou des jours suivants.

15. — Les jours bissextiles entrent dans le calcul du délai.

16. — Dans le temps d'un délai quelconque tous les

jours sont continus et se comptent utilement sans distinction des fêtes et dimanches.

17. — Si le dernier jour est un jour férié doit-il
être compté ou retranché ? — On s'étonne, dit Trop-
long, dans son traité de la prescription, n° 815, que
cette question ait pu soulever un partage d'opinions.
La loi n'a dit nulle part que les jours fériés sont des
jours de grâce. Si on excluait le dernier jour parce
qu'il est férié, pourquoi pas aussi les autres jours
fériés qui sont rencontrés dans le temps voulu pour
la prescription ; c'est à celui qui veut interrompre la
prescription à faire ses diligences en temps utile ; il
est répréhensible d'avoir attendu le dernier jour : il
pouvait agir la veille. D'ailleurs, dans les cas d'urgence et de péril, on peut obtenir la permission du
juge de faire des significations et exécutions les jours
de fête légale.

III. — DÉLAIS PAR MOIS.

18. — Les délais par mois se comptent de quantième à quantième et non par révolution de trente
jours. — Argument de l'art. 9, loi du 2 Janvier 1862. -
Cassation, 1er Mars 1876 ; Palais, 76, 402.

19. — Les mois sont tels qu'ils sont fixés par le
calendrier grégorien. — Art. 132 c. comm.

20. — Il suit de là qu'une lettre de change tirée le
28 février à dix mois de date est toujours payable le
28 décembre, soit que le 28 février se trouve le dernier jour du mois, soit que le mois ait 29 jours. —
Cassation, 13 Août 1817. - 16 Février 1818. - 21 Juillet
1818.

21. — La traite créée le 30 novembre à 4 mois de date échoit le 30 mars et non le 31, de telle sorte que le protêt fait le 1er avril est tardif. — Paris, 15 mars 1849 ; Dalloz, 49, 2, 219.

22. — On ne doit cesser de compter de quantième à quantième que lorsque la date de l'effet n'a pas, à raison de l'inégalité des mois, de quantième correspondant dans le mois où elle est payable ; l'échéance tombe alors au dernier jour de ce mois. Par exemple, un effet souscrit les 30 ou 31 janvier à un mois de date est exigible le 28 ou le 29 février, selon que l'année n'est pas ou est bissextile. De même, un effet souscrit le 31 mars, à un mois de date est payable le 30 avril. — Dalloz, Jur. Gén., V° effets de commerce, n° 362.

23. — Par exception aux règles qui précèdent, en matière commerciale l'usance est de trente jours qui courent du lendemain de la lettre de change (art. 132 du c. de com.), et la peine d'un mois d'emprisonnement est uniformément aussi de trente jours (art. 40, c. pénal).

24. — Lorsque la loi emploie ces mots : *trente jours*, il faut entendre un délai préfix et non celui d'un mois, ce qui ferait varier le délai de 28 à 31 jours.

IV. — DÉLAIS PAR ANNÉES

25 — Les années sont communes ou bissextiles. Les premières sont de 365 jours ; les secondes ont un jour supplémentaire qui est le 29 février.

Le jour bissextile est censé, dans les délais d'années, se confondre avec le jour qui le précède.

26. — Lorsque celui qui invoque une possession annale a commencé à posséder le 1er janvier, ce n'est qu'à la fin du 1er janvier de l'année suivante que sa possession annale existera ; sans qu'il puisse argumenter de ce que l'année a été bissextile pour dire qu'ayant eu 365 jours de possession à la fin du 31 décembre, ce chiffre est celui d'une année ordinaire et par conséquent lui suffit. Ce n'est pas 365 jours que la loi demande ; c'est une année, et l'année de 366 jours n'est toujours qu'une année qui doit être complète comme celle de 365. — Marcadé, *Commentaire de la prescription* sur les art. 2260 et 2261, n° 3.

V. — JOURS TERMES *(dies a quo, dies ad quem)*.

27. — Par application de la règle que les délais se comptent par jours et non par heures, il est admis que le jour à partir duquel court un délai (*dies a quo*) ne doit pas être compté, puisqu'il ne représente qu'une fraction de jour. La jurisprudence, en effet, décide que dans la supputation des délais, on ne doit pas compter le jour qui sert de point de départ, à moins d'une disposition spéciale de la loi, et que le délai ne commence à compter qu'au coup de minuit qui sépare ce jour du lendemain. — Rouen, 12 décembre 1862. - Cassation, 20 janvier 1863. - Nancy, 20 mai 1863 ; Pal. 1863, p. 118 et 1006.

28. — Le dernier de ces arrêts porte : « Considé-
« rant qu'il est de principe général, très ancienne-
« ment admis et par la doctrine, et par les tribunaux,

« que le jour qui sert de point de départ au délai
« accordé par la loi pour l'exécution d'une formalité
« ordonnée, ne compte pas dans la computation même
« de ce délai ; que pour s'écarter de l'application
« de ce principe général et de toute justice, il faudrait
« une disposition spéciale et formelle de la loi. »

29. — Ce principe est applicable lorsque la loi fait
courir les délais *à compter* ou *à partir* de tel jour.
Cassation, 5 avril 1825. - Toulouse, 28 janvier 1853 ;
Dal., 53, 2, 58.

30. — Il en est de même malgré l'emploi des mots :
Dans et *en*. — Carré et Chauveau ; Lois de procédure, question 3440. - Rouen, 3 décembre 1821.

31. — Au contraire, le jour de l'échéance *(dies ad
quem)* est généralement compté, en ce sens que ce
jour est le dernier pendant lequel on peut valablement
faire l'acte auquel s'applique ce délai et que le lendemain n'est plus un jour utile. — Cassation, 9 fév. 1825,

32. — On trouve une application de cette règle dans
l'article 2261 du Code civil qui dispose que la prescription est acquise lorsque le dernier jour du terme
est accompli.

33. — Il y a une distinction à faire quant à l'heure
à laquelle les délais expirent. En général, le dernier
jour doit être complet et doit finir à minuit ; mais il
en est autrement dans le cas où il faut employer le
ministère d'un fonctionnaire public ou d'un officier
ministériel. Le délai, alors, finit à l'heure réglemen-
taire à laquelle les fonctionnaires doivent fermer leurs
bureaux et les officiers ministériels doivent cesser
d'instrumenter. — Voir *suprà*, n⁰ 13.

34. — Sauf ce qui a été indiqué, *suprà* n⁰ 9, relative-
ment aux délais par heures et sauf ce qui sera dit ci-

après dans la seconde partie en ce qui concerne certains actes de procédure, les délais ne sont pas prorogés au lendemain lorsque le dernier jour est férié et ne s'augmentent pas non plus à raison des distances.

35. — Par exception, en matière d'enregistrement, lorsque le délai expire un jour férié, il est prorogé au lendemain. — Art. 25, loi du 22 frimaire, an VII. — Loi du 28 germinal, an X.

36. — Nota. — Les délais des prescriptions et péremptions en matière civile ont été interrompus pendant la durée de la guerre de 1870-1871. — Décrets des 9 sept. et 30 octobre 1870 et loi du 26 mai 1871.

37. — L'interruption ne s'appliquait pas exclusivement aux prescriptions et aux péremptions dont les délais expiraient pendant la guerre, c'est-à-dire pendant la période d'onze mois environ qui s'est écoulée à partir du 15 juillet 1870 ; elle s'appliquait à toutes les prescriptions en cours, sans distinction d'échéance. Il a, en conséquence, été jugé que l inscription hypothécaire prise le 9 décembre 1861 ne tombait en péremption qu'en novembre 1872 et qu'elle avait pu être utilement renouvelée jusque-là. — Cass.,20 avril 1875;Pal.,75,731.

38. — Par suite, les prescriptions trentenaires commencées avant le 15 juillet 1870 ou pendant la guerre, devraient encore être augmentées d'un délai d'environ 11 mois, mais la loi du 20 décembre 1879 a supprimé l'interruption pour tous les délais qui n'arriveraient pas à échéance dans l'année qui a suivi sa promulgation ; en sorte que les prescriptions actuellement en cours ne subissent plus l'augmentation.

39. — Pour les causes qui interrompent ou suspendent les délais de prescriptions en matière civile, voir les articles 2242 et 2259 du code civil.

DEUXIÈME PARTIE

Des délais de certains actes de procédure

40. — L'article 1033 du code de procédure, modifié par la loi du 3 mai 1862, établit les règles à suivre pour le calcul des délais relatifs aux ajournements, aux citations, sommations et autres actes faits à personne ou domicile, il concerne : 1° la franchise des délais fixés pour ces sortes d'actes ; 2° l'augmentation de ces mêmes délais à raison des distances ; 3° et leur prorogation lorsque le dernier jour est un jour férié.

I. — DÉLAIS FRANCS

41. — Le jour de la signification et celui de l'échéance ne sont point comptés dans le délai général fixé pour les exploits qui se signifient à personne ou domicile. — Art. 1033, § 1er, c. proc.

42. — Cette disposition de loi s'applique aux délais notamment : 1° de citation en conciliation (art. 51, c. proc.) ; 2° des ajournements devant les divers tribu-

naux (art. 5, 72, 416 et 456 c. proc.) ; 3° de l'assignation à témoin et à partie en matière d'enquête (art. 260, 261 et 408 c. proc.) ; elle s'applique aussi au délai qui doit s'écouler entre le commandement et la saisie exécution (art. 583, c. proc.).

43. — Elle est également applicable aux délais fixés par les lois spéciales qui ne contiennent aucune disposition contraire, par exemple au délai de recours en cassation contre la décision du jury en matière d'expropriation pour cause d'utilité publique. — Cassation, 11 janvier 1836.

44. — Les délais dans lesquels ne sont pas comptés le *dies a quo* ni le *dies ad quem*, sont appelés, dans la pratique, délais francs. Les parties contre lesquelles ils courent en jouissent jusqu'au dernier moment et elles peuvent encore faire dans la journée du lendemain les actes qu'elles ont à accomplir.

45. — Il a été, en effet, jugé : 1° Que le délai de l'action pour vice redhibitoire fixé par les articles 3 et 4 de la loi du 20 mai 1838 est franc, de telle sorte que l'action est utilement introduite le lendemain du dernier jour du délai. — Cassation 3 mai 1859 ; Palais, 1860, 824. - Cassation, 10 novembre 1862 ; Palais, 1863, 111. (La même solution doit encore être appliquée sous l'empire de la loi du 2 août 1884, qui régit actuellement les vices rédhibitoires).

46. — 2° Que les deux mois dans lesquels doit être inierjeté l'appel des jugements des tribunaux civils et de commerce, constituent un délai franc qui ne comprend ni le jour de la signification du jugement, ni le jour de l'échéance et que l'appel peut encore être formé utilement le lendemain de cette échéance. Cassation, 1er mars 1876 ; Pal. 1876, 402 ; - Cassation,

— 14 —

11 août 1877 ; Sirey, 79, 1, 312 ; Pal., 79, 775 ; Dalloz, 77, 1, 475.

47. — La disposition de l'article 1033 précité relative à la franchise du délai pour les actes faits à personne ou à domicile souffre exception quand le législateur a manifesté par l'emploi de certaines formules l'intention de clore le délai le jour même de son échéance. Ainsi, l'art. 13 de la loi du 25 mai 1838, en déclarant l'appel des jugements de justice de paix non recevable après les trente jours qui suivent la signification, ne permet pas l'appel le 31e jour. Cassation, 5 février 1879 ; Sirey, 79, 1, 321 ; Palais, 79,790 ; Dalloz, 80, 1, 200.

48. — Voir dans le même sens en ce qui concerne le délai de signification de la requête civile. — Cassation, 4 décembre 1865 ; Sirey, 65, 1, 22 ; Palais, 66, 34 ; Dalloz, 66, 1, 606. — Compulser aussi Cassation, 19 octobre 1885 ; Pal., 86, 263.

49. — Le dit article 1033 ne s'applique pas aux délais qui ont pour points de départ des significations d'avoué à avoué. — Angers, 7 juillet, 1876 ; Sirey, 77, 2, 179 ; Pal., 77, 737 ; - Cassation, 16 juin 1879 ; Palais, 1881, 132 ; Sirey, 1881, 1, 60.

50. — En dehors des cas que régit cet article, on compte, dans les délais, le *dies ad quem*, et ces délais, par opposition à ceux dont il est question ci-dessus, sont appelés délais non francs.

II. — AUGMENTATION DES DÉLAIS A RAISON DES DISTANCES

51. — L'article 1033 précité, après avoir réglé dans le premier aliéna le mode de computation du délai

fixé pour les ajournements, les citations, sommations et autres actes faits à personne ou domicile, dispose en ces termes : « Ce délai sera augmenté d'un jour à rai-« son de cinq myriamètres de distance. Il en sera de « même dans tous les cas prévus en matière civile et « commerciale, lorsqu'en vertu des lois, décrets ou « ordonnances, il y a lieu d'augmenter un délai à « raison des distances. — Les fractions de moins de « quatre myriamètres ne seront pas comptées ; les « fractions de quatre myriamètres et au-dessus, « augmenteront le délai d'un jour entier. »

52. — Toutes les fois qu'il s'agit des actes énumérés en l'article 1033, les distances donnent lieu à augmentation de délais, à moins d'une exception résultant de la loi.

53. — Les dispositions du code de procédure sur la saisie-immobilière et les incidents qui s'y rattachent formant un système complet, on ne peut, en l'absence d'un texte spécial, étendre à cette matière l'application du 2e alinéa de l'art. 1033 pour l'augmentation des délais a raison des distances. Par suite, le délai d'appel des jugements rendus sur les incidents de saisie (autres que les demandes en distraction) ne subit pas l'augmentation du délai de distance. — Cassation, 19 octobre 1887 ; Pal., 87, 1030.

54. — La disposition dudit article relative aux distances a exclusivement en vue ceux des délais qui ont leurs points de départ dans des significations à personnes ou à domicile et non dans les significations d'avoué à avoué. — Même arrêt.

55. — Il n'y a pas corrélation nécessaire entre la franchise et l'augmentation des délais. Ainsi, comme on l'a vu *suprà* n° 46, la jurisprudence décide que

les deux mois pour l'appel des jugements des tribunaux civils et de commerce, constituent un délai franc qui ne comprend ni le *dies a quo* ni le *dies ad quem* ; mais elle décide aussi que ce délai n'est pas susceptible d'augmentation à raison des distances. — Bourges, 16 février 1808. - Gênes, 25 juillet 1809 ; Cassation, 8 août 1809. - Bourges, 20 mars 1819 et 26 février 1830. — Ces arrêts sont rapportés dans Sirey et le *Journal du Palais*, éditions par ordre chronologique.

56. — Pour le calcul des distances, il faut prendre la ligne directe et la plus courte entre deux localités. — Nîmes, 4 juin 1866 ; Dalloz, 66, 5, 126 ; Pal., 66, 935.

57. — On doit aussi compter de commune à commune ou de clocher à clocher et non de la maison habitée par la partie au lieu où elle doit se trouver. — Bordeaux, 17 janvier 1851 ; Sirey, 52, 2, 239 ; Pal., 51, 1, 112 ; Dalloz, 51, 2, 48.

58. — L'augmentation du délai à raison des distances doit être observée, alors même que l'exploit est remis à la partie en personne dans un lieu plus rapproché que celui de son domicile. — Cassation, 21 février 1837 ; Sir., 37, 1, 241 ; Pal., 40, 1, 236 ; Dal., 37, 1, 151. - Rouen, 5 décembre 1857 ; Sir., 59, 2, 149 ; Pal., 59, 709.

59. — En cas d'élection de domicile, le délai se calcule d'après la distance seulement du domicile élu. — Cassation, 21 décembre 1875 ; Sir., 76, 1, 109 ; Pal., 72, 262.

60. — La faculté accordée au juge d'abréger les délais des ajournements en cas d'urgence ne doit s'entendre que du délai légal de huitaine et non de l'augmentation du délai accordé à raison des distances. — Cassation, 29 mai 1866 ; Sir., 66, 1, 292 ; Pal., 66, 767 ;

Dal., 66, 1, 212. - Limoges, 14 décembre 1878 ; Sirey, 79, 2, 266 ; Pal., 79, 1037.

61. — Aux termes de l'art. 73, c. proc., si celui qui est assigné demeure hors de la France continentale, le délai sera :

1° Pour ceux qui demeurent en Corse, en Algérie, dans les îles Britanniques, en Italie, dans le royaume des Pays-Bas et dans les états en confédération limitrophes de la France, d'un mois ;

2° Pour ceux qui demeurent dans les autres états, soit de l'Europe, soit du littoral de la Méditerranée et de celui de la mer Noire, de deux mois ;

3° Pour ceux qui demeurent hors d'Europe, en deçà des détroits de Malacca et de la Sonde et en deçà du cap Horn, de cinq mois ;

4° Pour ceux qui demeurent au-delà des détroits de Malacca et de la Sonde, et au-delà du cap Horn, de huit mois.

Les délais ci-dessus seront doublés pour les pays d'outre-mer en cas de guerre maritime.

62. — Ces délais ayant été accordés à raison des distances, ils ne peuvent, pas plus que les délais ordinaires de distance, être réduits par le juge ; l'art. 72 du code de procédure civile ne s'aplique pas à ce cas. — Cassation, 17 novembre 1840 ; Sir., 40, 1, 935 ; Pal., 41, 1, 119. - Trib. Orange, 20 novembre 1882 ; *Journal des avoués*, t. 103, p. 195.

63. — Lorsqu'une assignation à une partie domiciliée hors de la France est donnée à sa personne en France, elle n'emporte que les délais ordinaires, sauf au tribunal à les prolonger, s'il y a lieu. — Art. 74, c. proc.

64. — L'assignation n'emporte également que les

délais ordinaires si la partie domiciliée à l'étranger a fait élection de domicile en France. — Cassation, 21 décembre 1875 ; Sir., 76, 1, 109 ; Pal., 76, 262.

65. — Les articles 445 et 446 du code de procédure civile, modifiés par la loi du 3 mai 1862, contiennent les dispositions spéciales suivantes :

« Ceux qui demeurent hors de la France continen-
« tale auront pour interjeter appel, outre le délai de
« deux mois depuis la signification du jugement, le
« délai des ajournements réglé par l'article 73 ci-
« dessus.

« Ceux qui sont absents du territoire européen de
« la République ou du territoire de l'Algérie pour
« cause de service public auront, pour interjeter appel,
« outre le délai de deux mois depuis la signification
« du jugement, le délai de huit mois. Il en sera de
« même en faveur des gens de mer absents pour cause
« de navigation. »

III. — PROROGATION DES DÉLAIS LORSQUE LE DERNIER
JOUR EST FÉRIÉ

66. — Le dernier alinéa de l'article 1033, précité dispose que si le dernier jour du délai est un jour férié, le délai sera prorogé au lendemain.

67. — Les jours fériés sont, outre les dimanches, l'Ascension, l'Assomption, la Toussaint, Noël, le premier janvier, le lundi de Pâques, le lundi de la Pentecôte et le 14 Juillet. — Arrêté des consuls, 29 germinal an X ; avis du conseil d'État, 13 mars 1810 ; décret du 16 février 1852 ; loi du 6 juillet 1880 ; loi du 8 mars 1886.

68. — Si deux jours fériés se suivent, comme le dimanche et le lundi de Pàques, le délai est prorogé de deux jours.

69. — La disposition qui proroge au lendemain le délai lorsque le dernier jour est férié, s'applique indistinctement à tous les délais des actes de procédure faits *à personne ou domicile*, même aux délais qui ne sont pas francs, ou qui ne sont pas susceptibles d'augmentation à raison des distances, ou qui prennent leur point de départ dans des significations à avoués.

70. — Elle est donc applicable : 1° au délai de dix jours qui court de la signification à avoué et dans lequel doit être formé l'appel d'un jugement statuant sur un incident de saisie immobilière. — Cassation, 13 juin 1877 ; Pal., 77, 1103 ; Sir., 77, 1, 420. - Agen, 3 janvier 1887 ; *Recueil d'Agen*, 1887, 72.

71. — 2° Et au délai de 40 jours dans lequel doit être signifiée la surenchère du dixième sur aliénation volontaire. — Rouen, 19 mars 1870 ; Dal., 71, 2, 190 ; Pal., 72, 1150.

72. — Au contraire, la disposition dont s'agit n'est pas applicable aux actes qui se signifient *d'avoué à avoué*. Ainsi, le délai de huitaine, accordé pour former par requête opposition à un jugement par défaut faute de conclure n'est pas prorogé au lendemain, lorsque le dernier jour est férié. — Chambéry, 5 mars 1878, (motifs) ; Sir., 78, 2, 22 ; Pal., 78, 194. - Lyon, 7 mai 1886 ; Sir., 86, 2, 232 ; Pal., 86, 1, 1230.

73. — De même, la prorogation n'a pas lieu quand il s'agit d'un délai prescrit par le juge pour faire un acte, telle qu'une consignation. — Lyon, 2 août 1866 ; Pal., 67, 1018 ; Sir., 67, 2, 293.

74. — C'est une question très controversée que

celle de savoir s'il y a lieu à prorogation pour les actes qui se font au greffe, par exemple les surenchères du sixième. Dans le sens de l'affirmative : Rouen, 19 mars 1870 ; Sir., 70, 2, 296 ; Pal., 70, 1150. - Besançon, 30 janvier 1873 ; Sir., 74, 2, 149 ; Pal., 74, 620. - Pau, 3 août, 1881 ; Sir., 81, 2, 239 ; Pal., 81, 1, 1128.

Dans le sens contraire: Lyon, 19 août 1865 ; Sir., 66, 2, 276. - Rouen, 21 juillet 1870 ; Sir., 71, 2, 140 ; Pal., 71, 504. - Lyon, 30 mai 1885 ; *Gazette du Palais*, 86, 1, 155.

75. — A raison de la controverse qui existe, il est prudent, lorsque le dernier jour est férié, de ne pas attendre jusque-là pour faire la surenchère, ou de solliciter du Président l'autorisation de faire ouvrir le greffe à l'effet d'y faire l'acte.

O. RAVIART,

Avoué à Beauvais